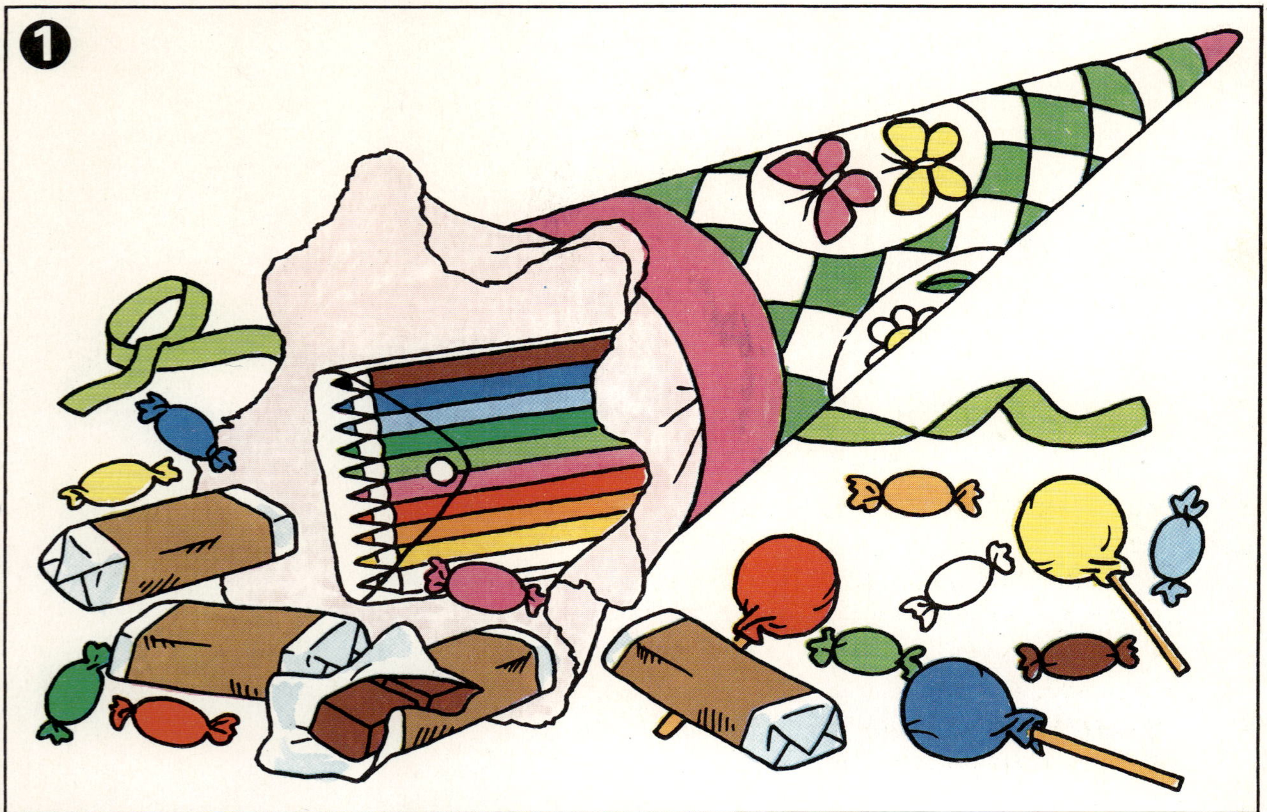
1

2

❶

❷

[redacted]

❶

❷

❸

1 + 1 =

2 + 1 =

3 + 1 =

3 + 1 =

❶

❷

❸

❹

$1 + 1 =$

$2 + 1 =$

$3 + 1 =$

$4 + 1 =$

1

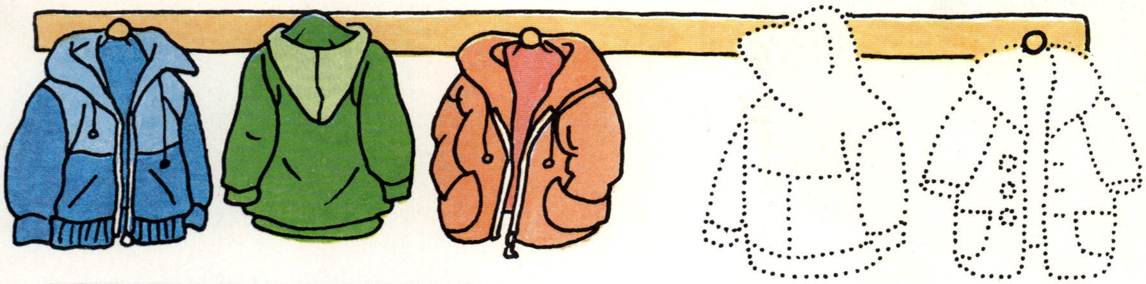

3				

2

3

rot

blau

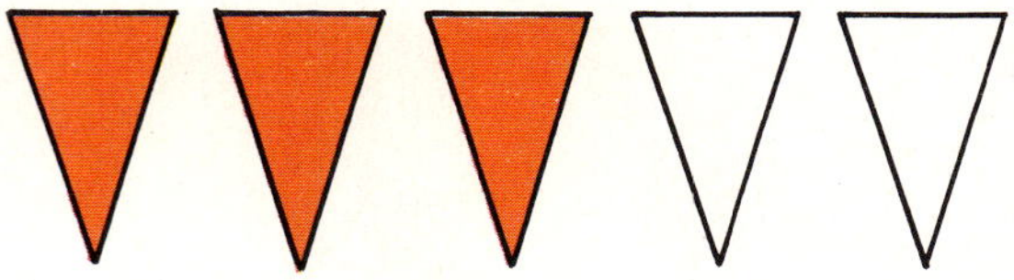

o?

4

O rot blau

1.

1	+	2	=	

O blau rot

2.

2	+	1	=	

Teddys

2	+	2	=	

Autos

3	+	1	=	

Kinder

3	+	2	=	

rot blau

Stäbchen

3	+	2	=	

Aufg., wo Z. vertauscht sind?

❶

❷

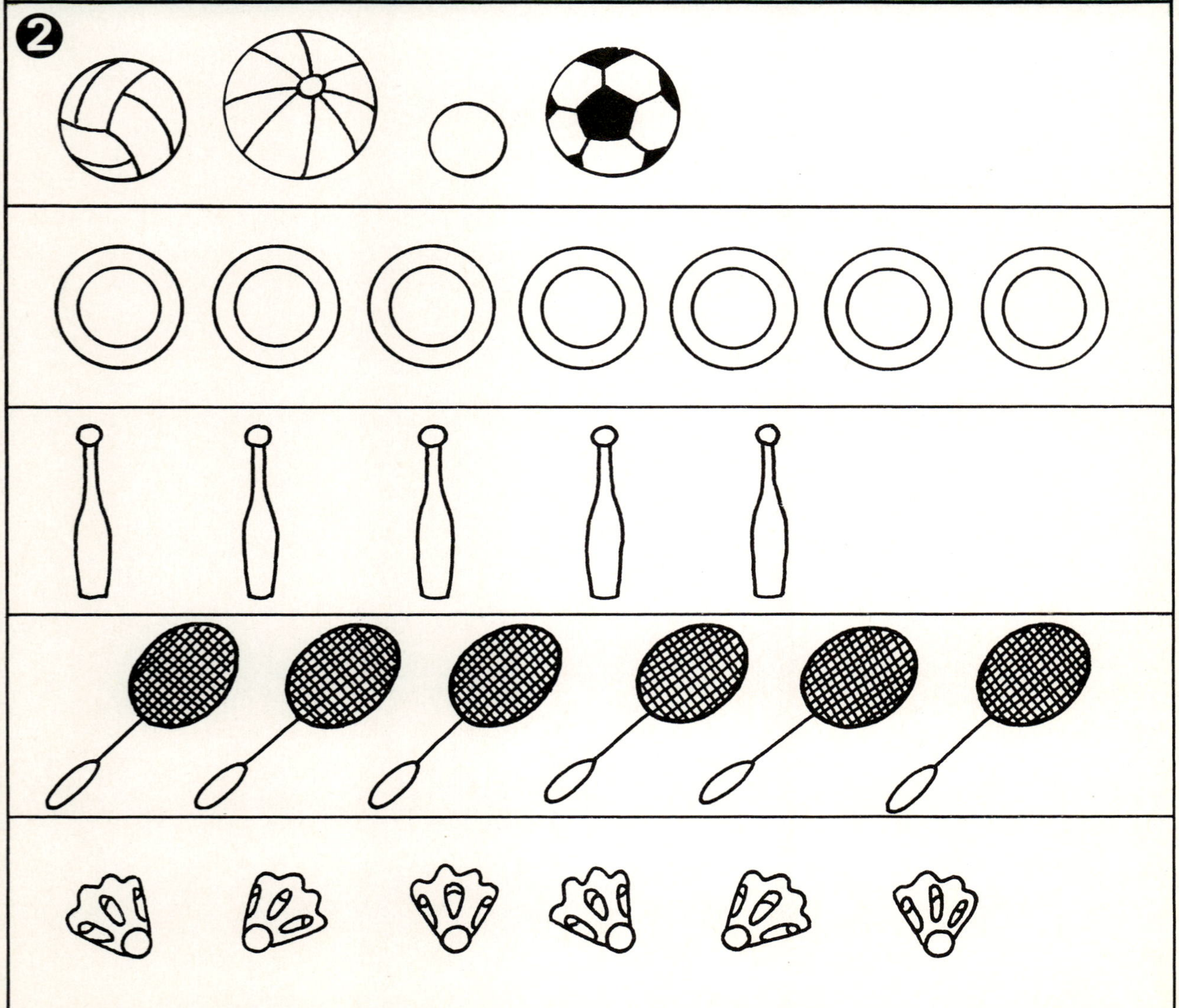

❶

❷

❸

❶

2				

1				

❷

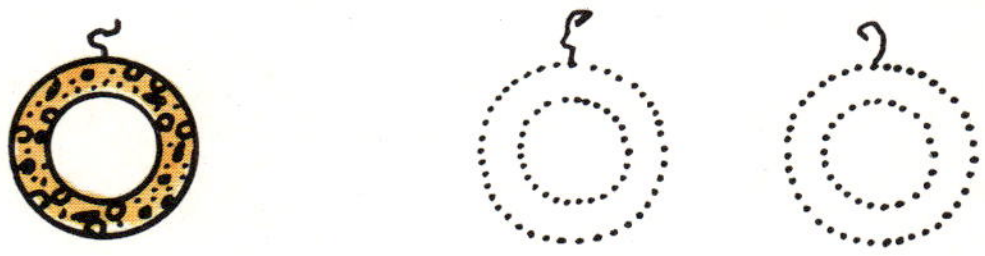

❸

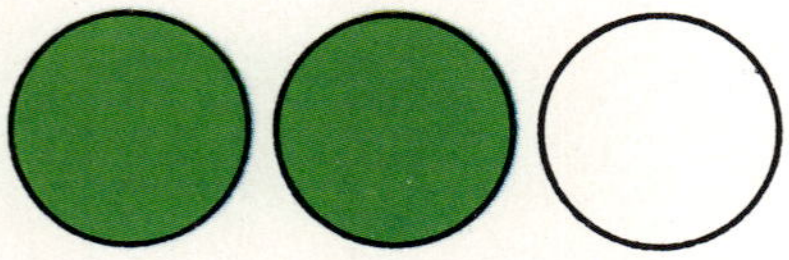

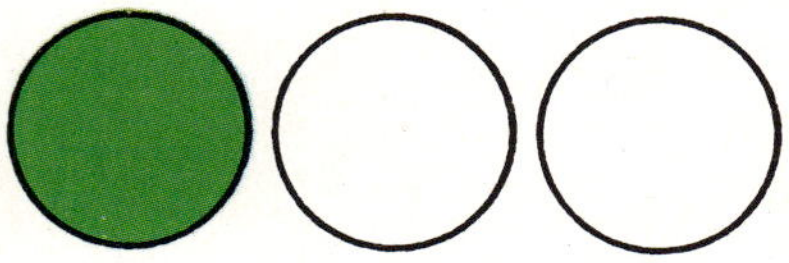

❹

2	+	1	=	
1	+	2	=	

1	+	2	=	
2	+	1	=	

❶

2				

❷

❸

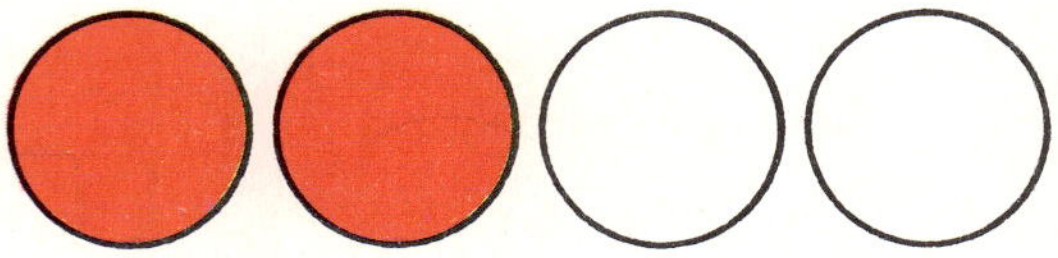

❹

2	+	2	=	
1	+	2	=	

1	+	2	=	
2	+	2	=	

1

3				

2

3

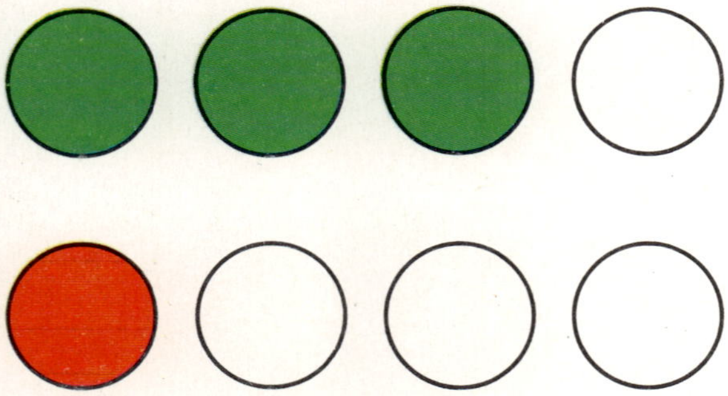

4

3 + 1 = □ 2 + 1 = □ 1 + 3 = □

1 + 3 = □ 1 + 2 = □ 3 + 1 = □

1

3				

2

3

4

gelbe □ rote □ | blaue △ rote △ | rote ○ blaue ○

2 + 1 =	3 + 1 =	3 + 2 =
1 + 2 =	1 + 3 =	2 + 3 =

❶

4

❷

❸

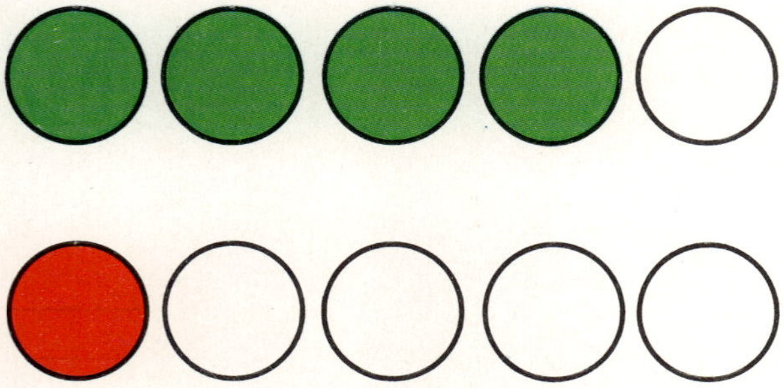

❹

$2 + 1 =$ ☐ $3 + 1 =$ ☐ $4 + 1 =$ ☐

$1 + 2 =$ ☐ $1 + 3 =$ ☐ $1 + 4 =$ ☐

1

2

❶

2 = 1 + ☐

❷

2 = ☐ ☐ ☐

❸

2 = 1 + ☐

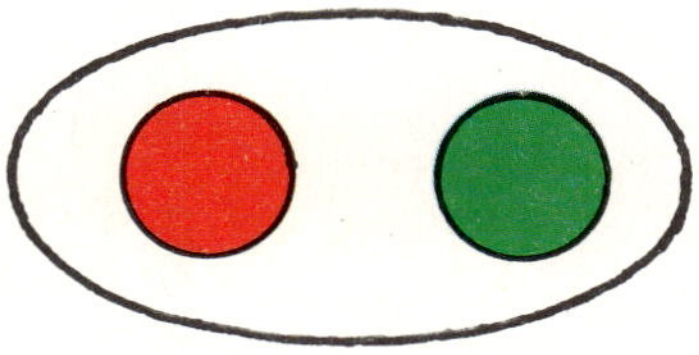

2 = ☐ ☐ ☐

❹

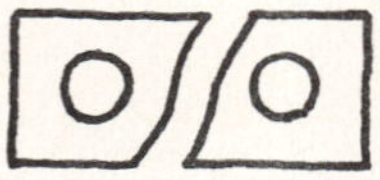

2 = ☐ ☐ ☐

❺

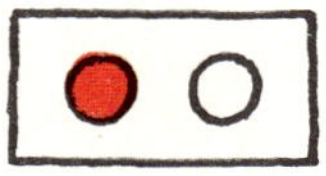

2 = ☐ ☐ ☐

❻

2 = ☐ ☐ ☐

2 = ☐ ☐ ☐

1 + 1 = ☐

☐ ☐ ☐ = 2

1

$3 = 1 + 2$ $3 = 2 + 1$

2

$3 = \square\ \square\ \square$

$3 = \square\ \square\ \square$

3

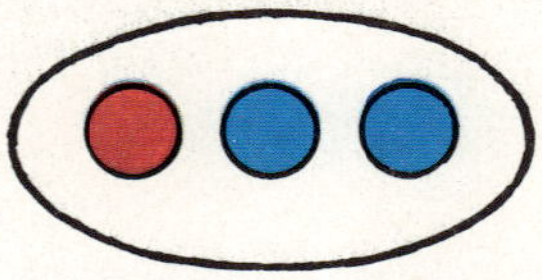

$3 = \square\ \square\ \square$

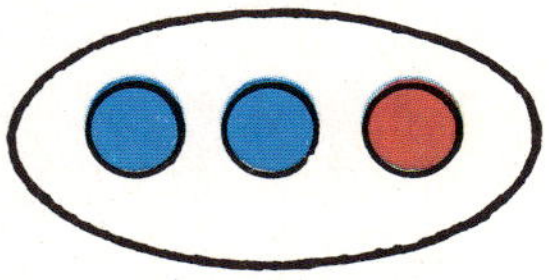

$3 = \square\ \square\ \square$

4

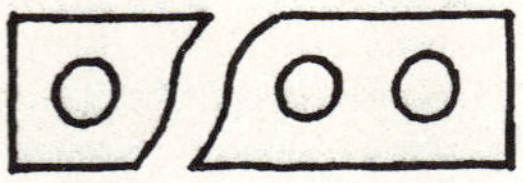

$3 = \square\ \square\ \square$

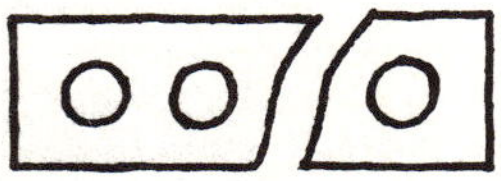

$3 = \square\ \square\ \square$

5

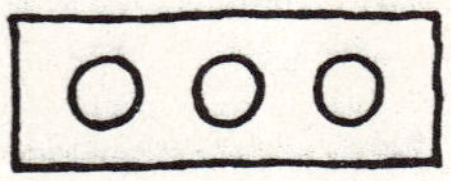

$3 = \square\ \square\ \square$

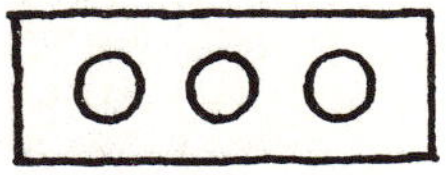

$3 = \square\ \square\ \square$

6

$3 = 1 + \square$ $3 = 2 + \square$ $2 = 1 + \square$

1

4 = 3 + ☐ 4 = 1 + ☐ 4 = 2 + ☐

2

4 = 2 + 2
4 = 1 + ☐
4 = 3 + ☐

3

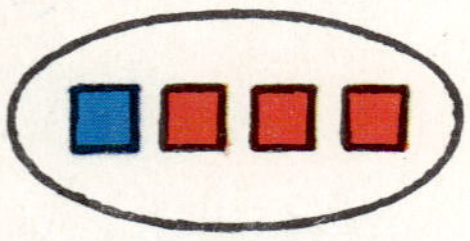

4 = 3 + 1

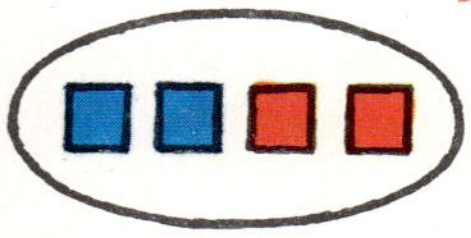

4 = 1 + 3

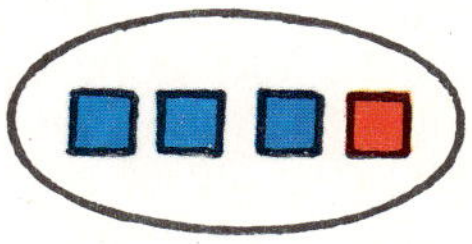

4 = 2 + 2

4

4 = ☐ ☐ ☐

4 = ☐ ☐ ☐

4 = ☐ ☐ ☐

5

4 = ☐ ☐ ☐

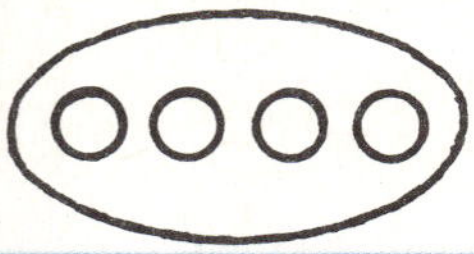

4 = ☐ ☐ ☐

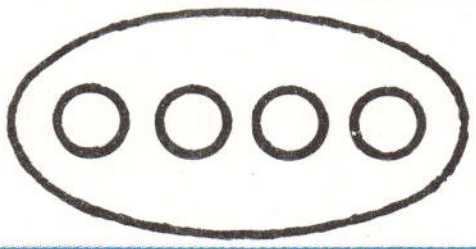

4 = ☐ ☐ ☐

6

4 = 3 + ☐ 4 = 2 + ☐ 4 = 1 + ☐

1

$5 = 4 + \square$ $5 = 3 + \square$ $5 = 2 + \square$ $5 = 1 + \square$

2

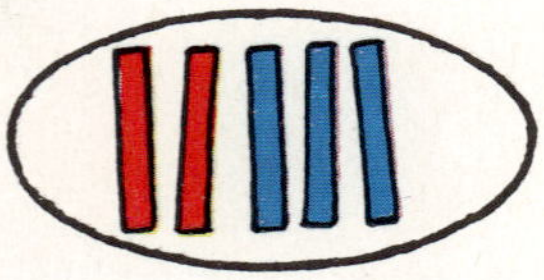

$5 = \square\ \square\ \square$

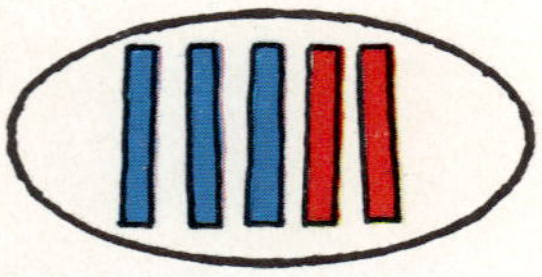

$5 = \square\ \square\ \square$

3

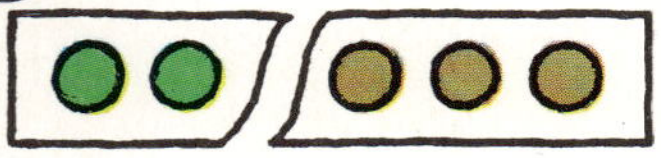

$5 = \square\ \square\ \square$

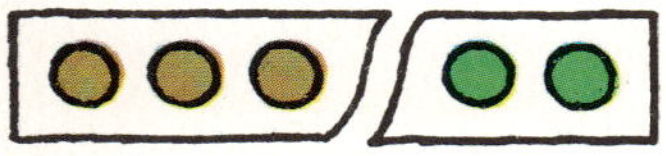

$5 = \square\ \square\ \square$

4

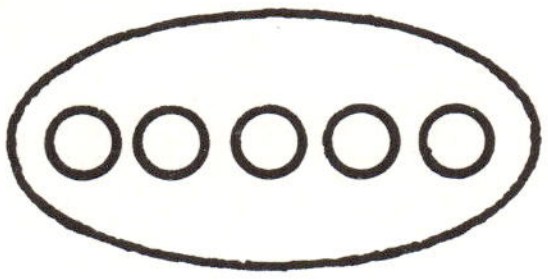

$5 = \square\ \square\ \square$

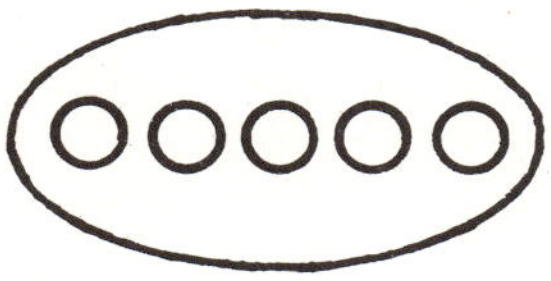

$5 = \square\ \square\ \square$

5

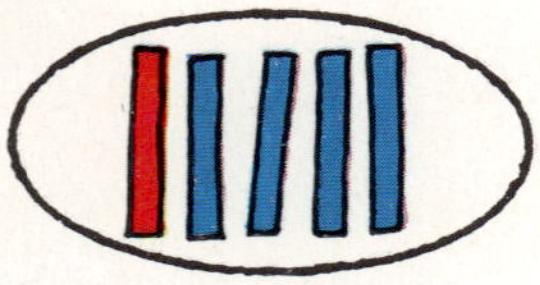

$5 = \square\ \square\ \square$

$5 = \square\ \square\ \square$

6

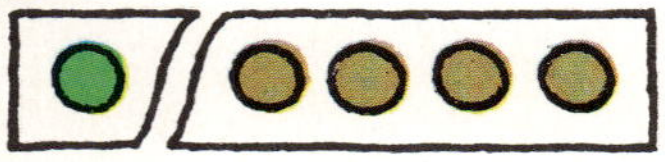

$5 = \square\ \square\ \square$

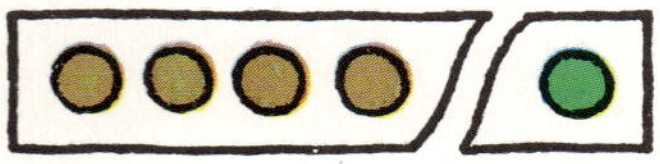

$5 = \square\ \square\ \square$

$5 = 1 + \square$

$5 = 4 + \square$

7

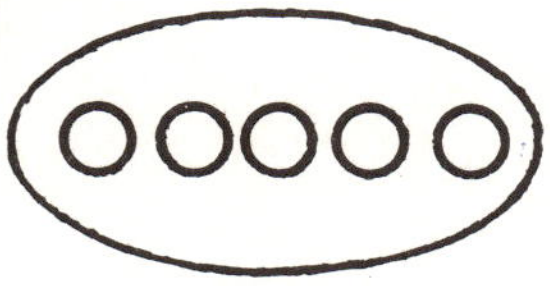

$5 = \square\ \square\ \square$

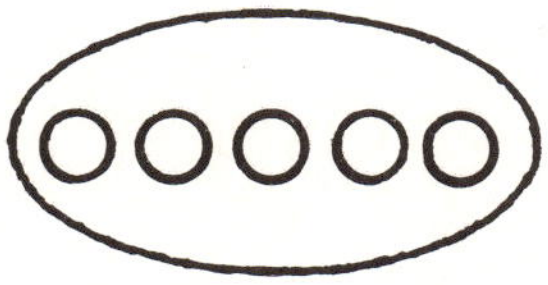

$5 = \square\ \square\ \square$

$5 = 2 + \square$

$5 = 3 + \square$

8

$5 = \square\ \square\ \square$

$5 = \square\ \square\ \square$

❶

❷

❸

❶

1.

❷

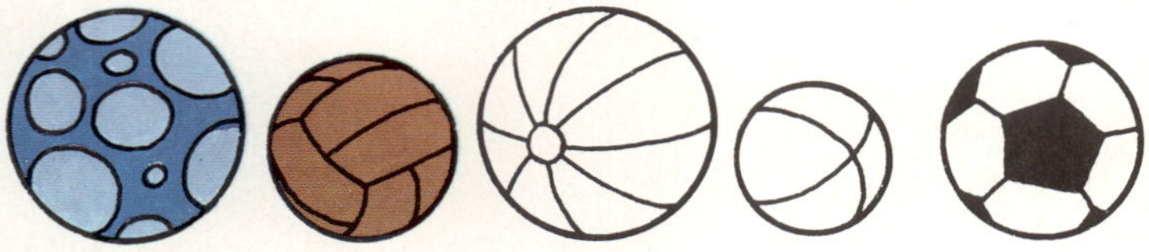

1.

❸

1.

1.

1

2

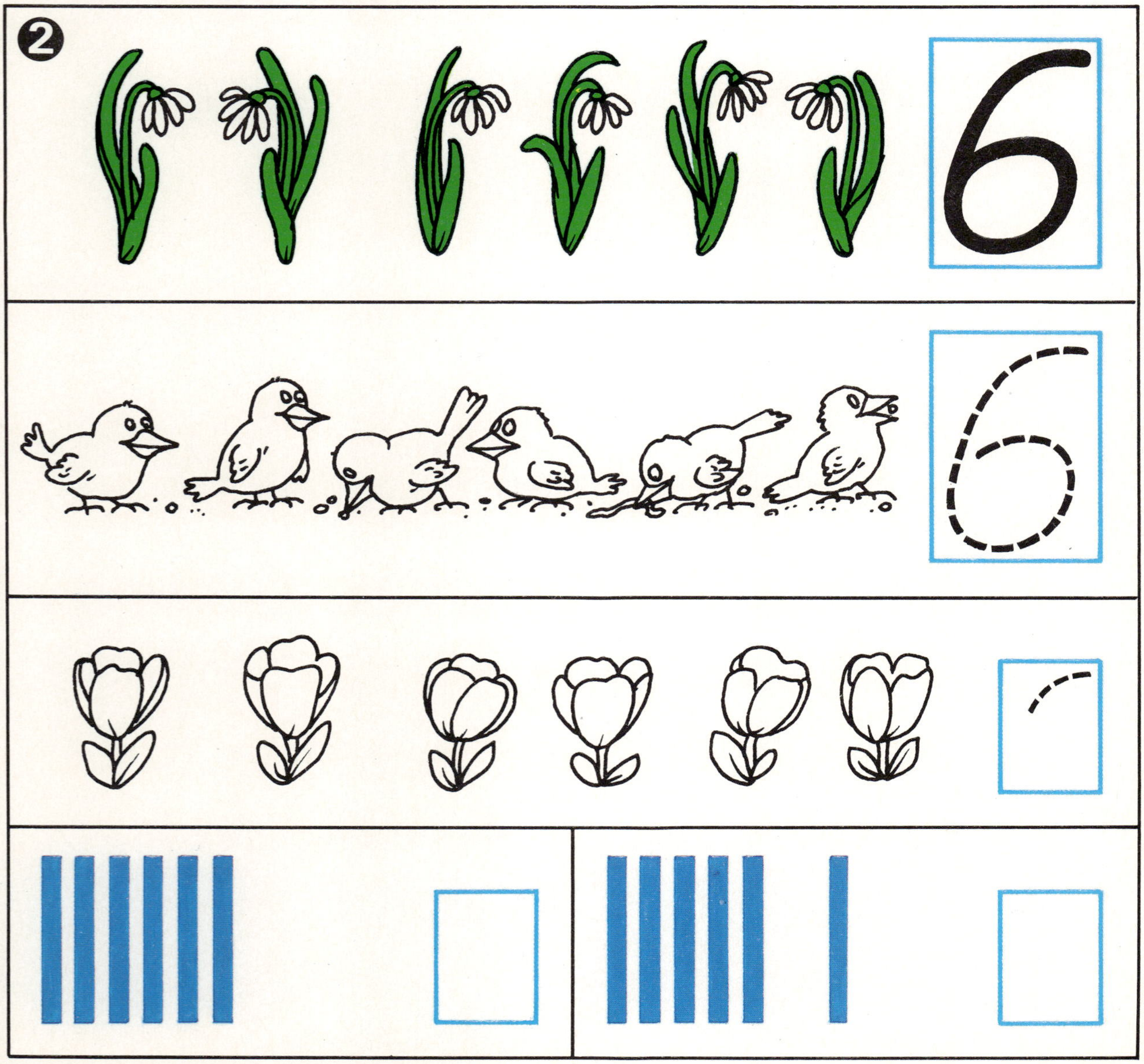

❶

❷

	6		6		5		6

❸

1	2	3		5	

1			4		6

❹

5	+	1	=	

6	=	5	+	

❺

5	+	1		
4	+			
3	+	3		
2				

6	=			
6	=			
6	=			
6	=			
6	=			

1

2

7

❶

❷

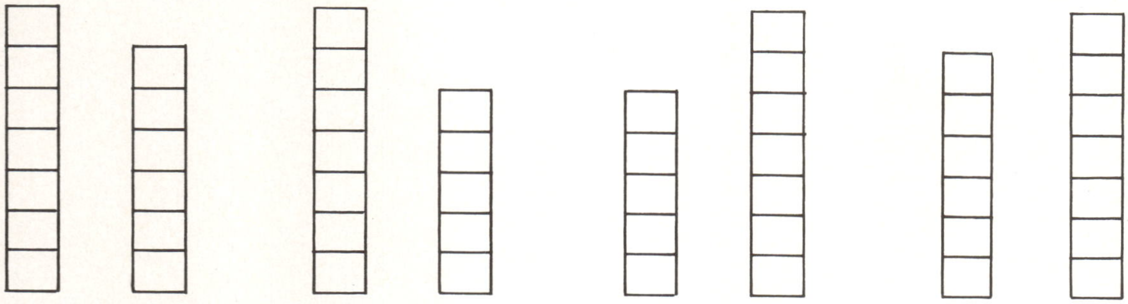

7	>	

❸

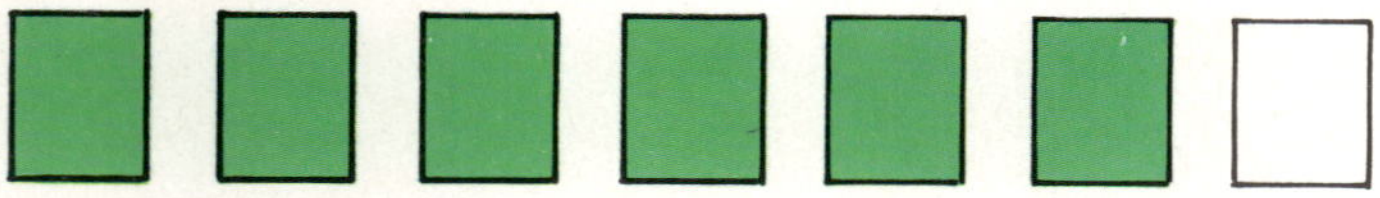

6	+	1	=	

7	=	6	+	

❹

6	+	1		
5	+	2		
4	+	3		
3				

7	=			
7	=			
7	=			
7	=			
7	=			
7	=			

❺

1	2		4		6	

1		3		5		7

1

2

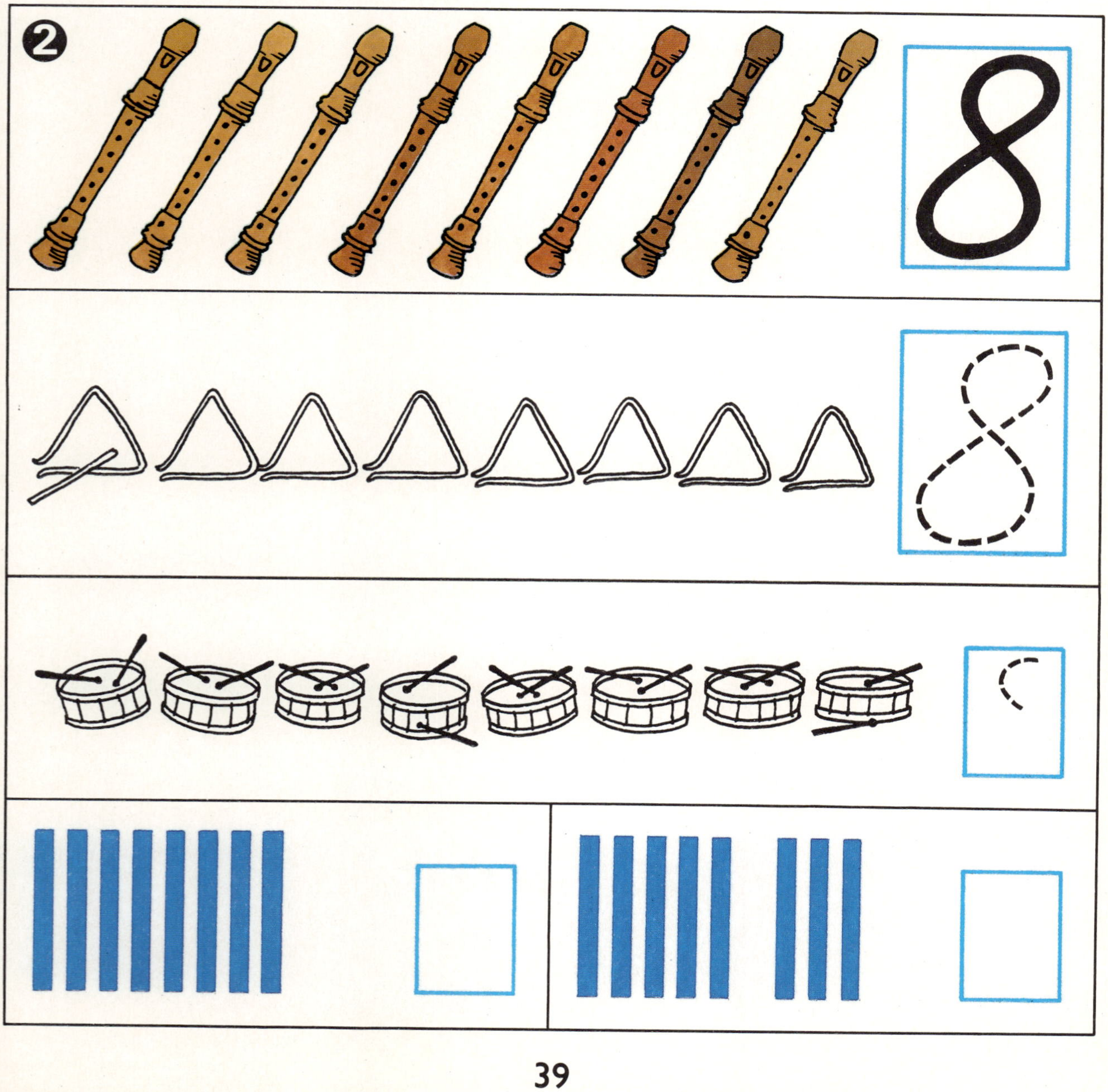

❶

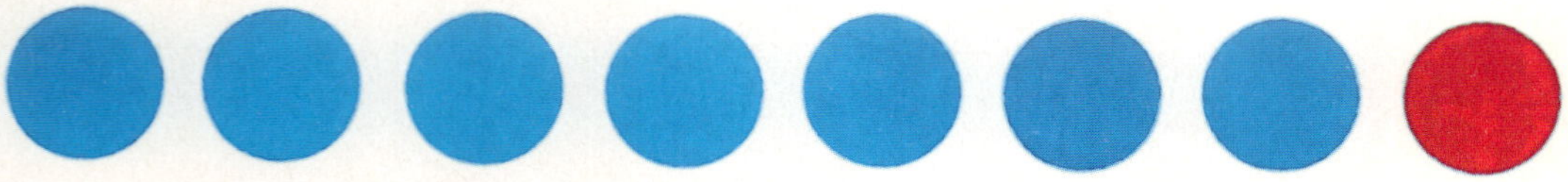

7	+	1		

8	=	7	+	

❷

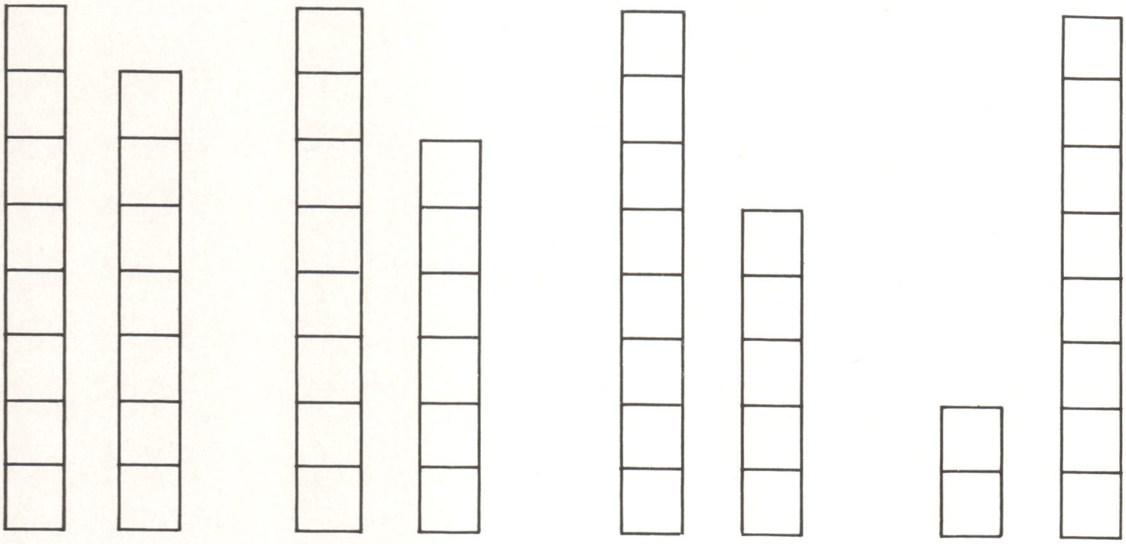

8	>	

❸

7	+	1		
6	+	2		
5				

8	=			
8	=			
8	=			
8	=			
8	=			
8	=			
8	=			

1

2

9

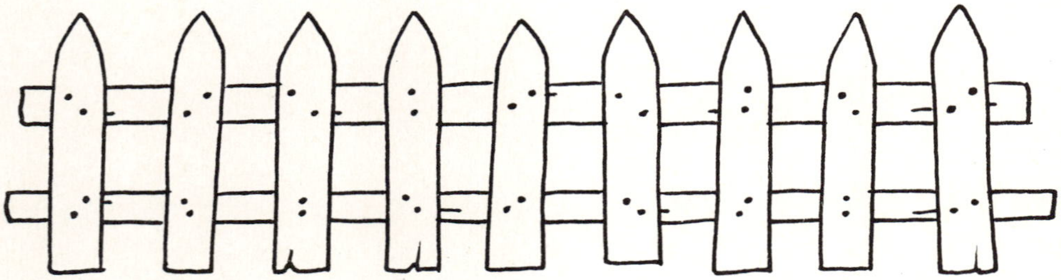

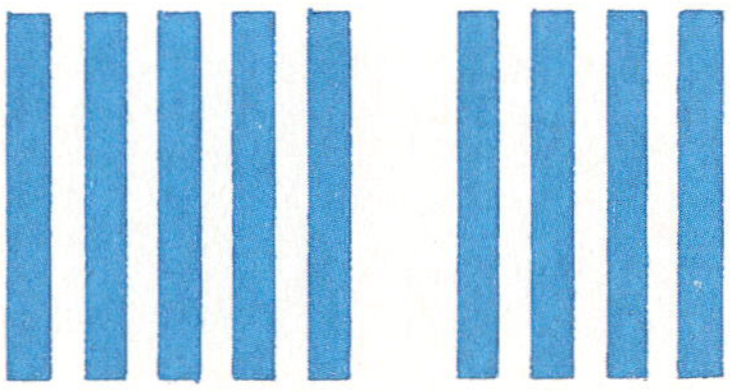

1

8	+	1		

9	=			

2

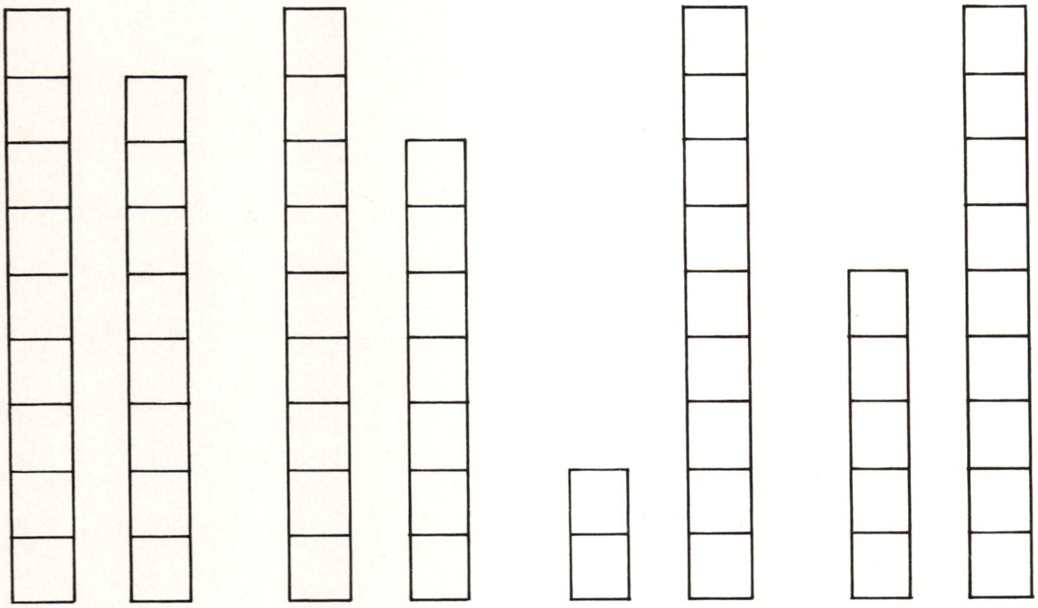

9	>	

3

8	+	1		
7	+	2		

9	=			
9	=			
9	=			
9	=			
9	=			
9	=			
9	=			
9	=			

1

2

10

10

1

❶

1	2	3	4	5	6	7	8	9	1	0

❷

1	
3	
5	
7	

2	
4	
6	
8	

3	
8	
4	
6	

4	
1	
7	
3	

5	
2	
8	
6	

❸

	2
	4
	6
	8

	3
	5
	7
	9

	4
	7
	2
	4

	5
	8
	3
	6

	6
	9
	5
	8

❹

1		3
3		5
5		7
7		9
6		8

2		4
5		7
6		8
3		5
1		3

	4	
	3	
	5	
	6	
	8	

	5	
	8	
	2	
	3	
	7	

1

2

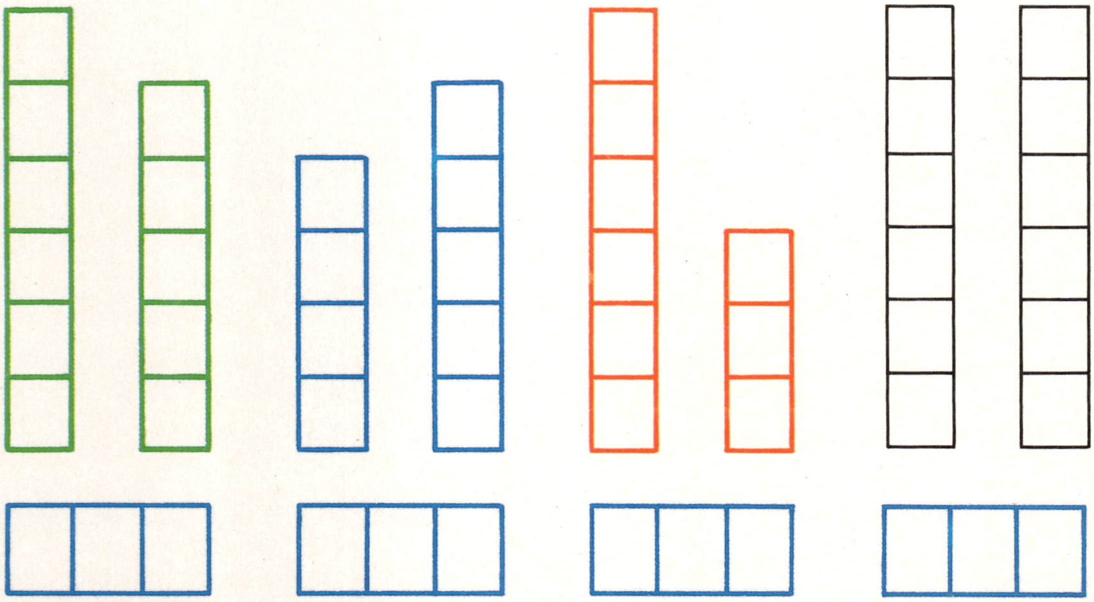

❶

❷

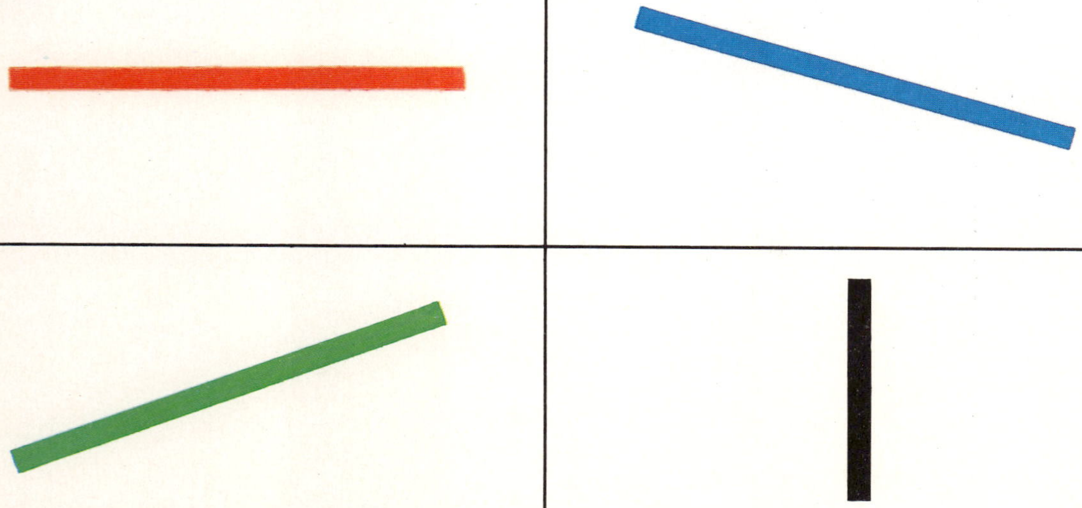